HOCHZEITS MANDALAS

EIN MALBUCH VON MICHAEL WALCH

HOCHZEITS MANDALAS

EIN MALBUCH VON MICHAEL WALCH

Bibliografische Information der Deutschen Nationalbibliothek:
Die Deutsche Nationalbibliothek verzeichnet diese Publikation
in der Deutschen Nationalbibliografie; detaillierte bibliografische
Daten sind im Internet über http://dnb.dnb.de abrufbar.

© 2016 Michael Walch
Herstellung und Verlag:
BoD – Books on Demand, Norderstadt

ISBN: 978-3-7412-7529-6

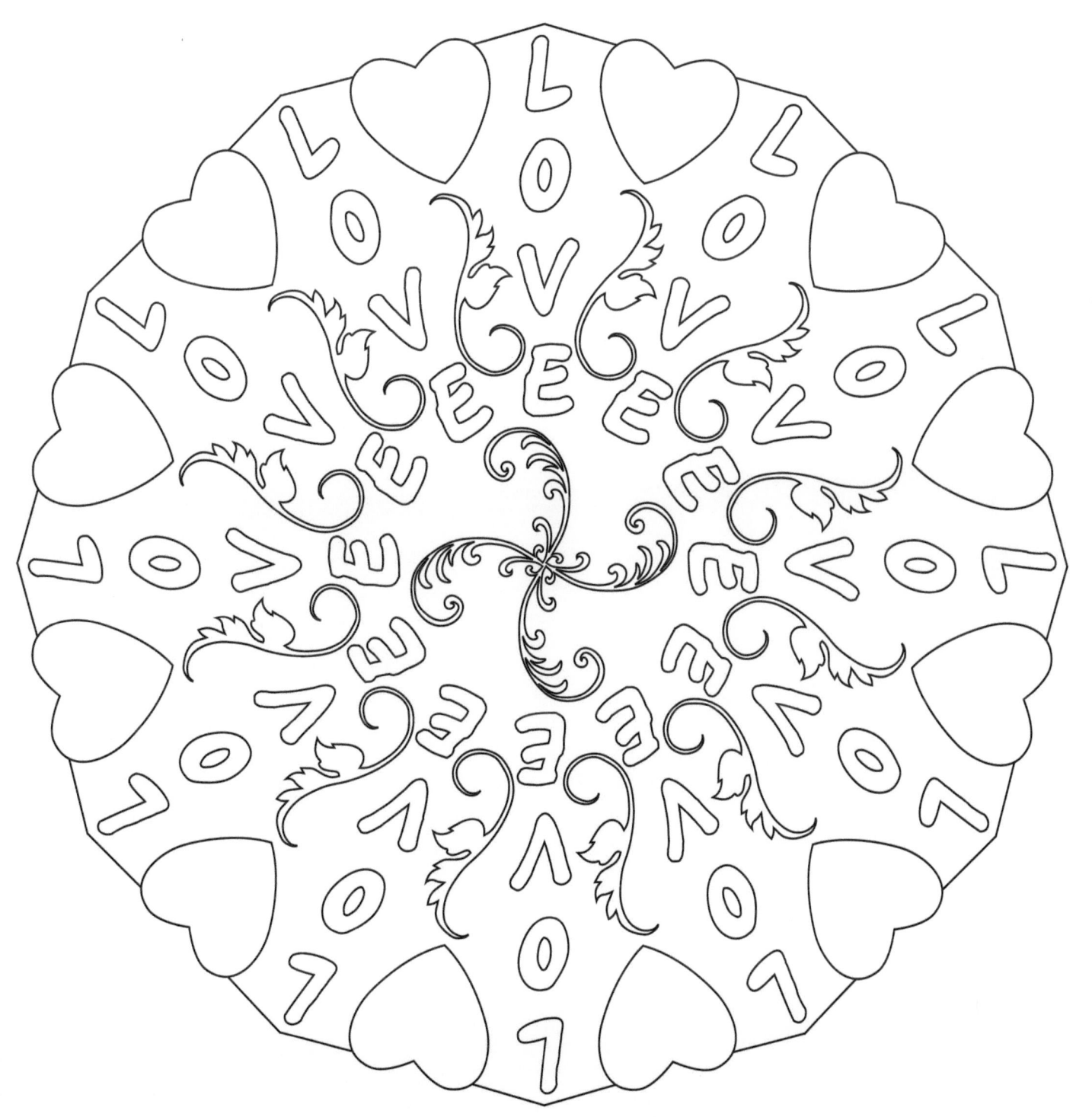

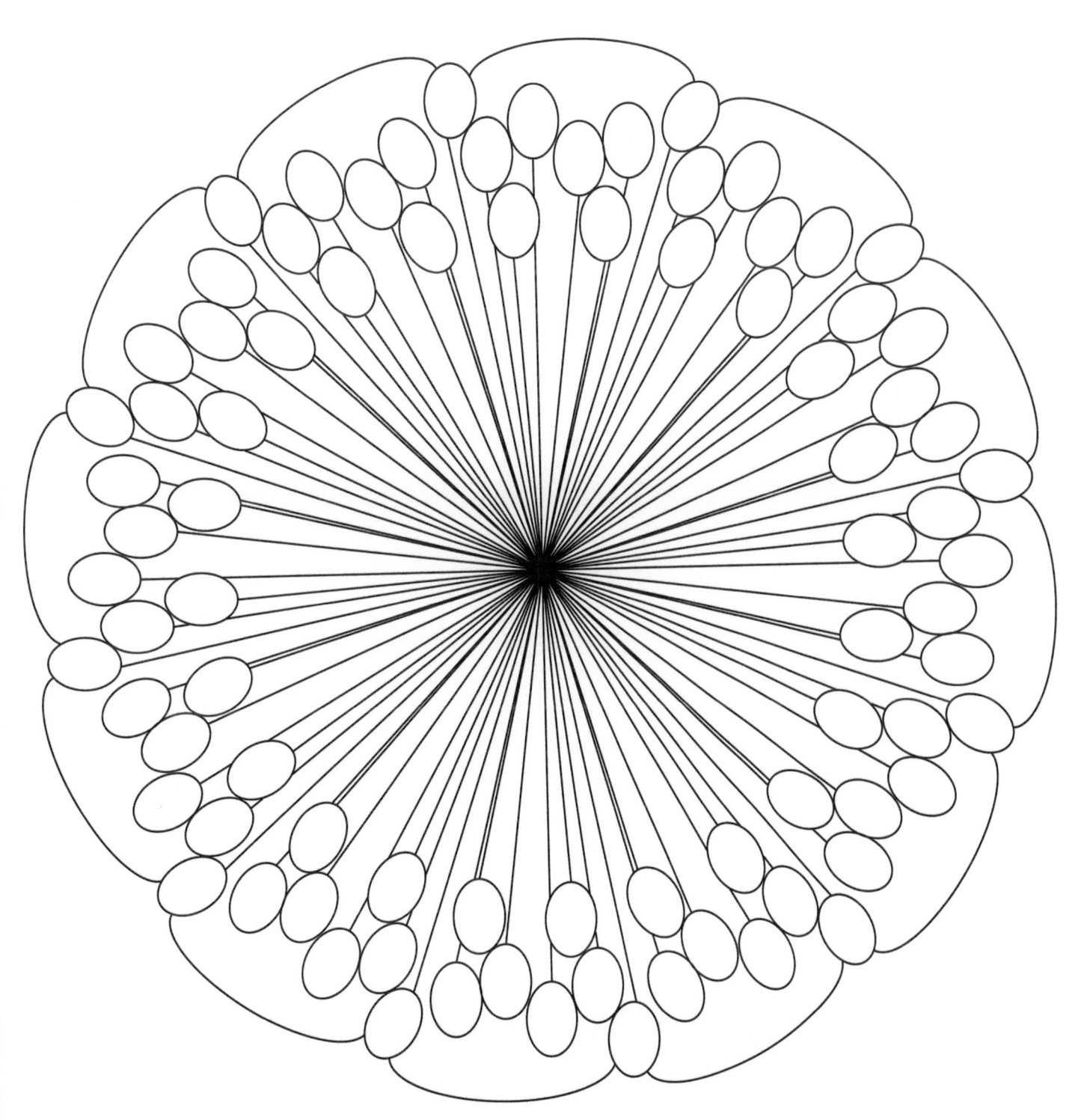

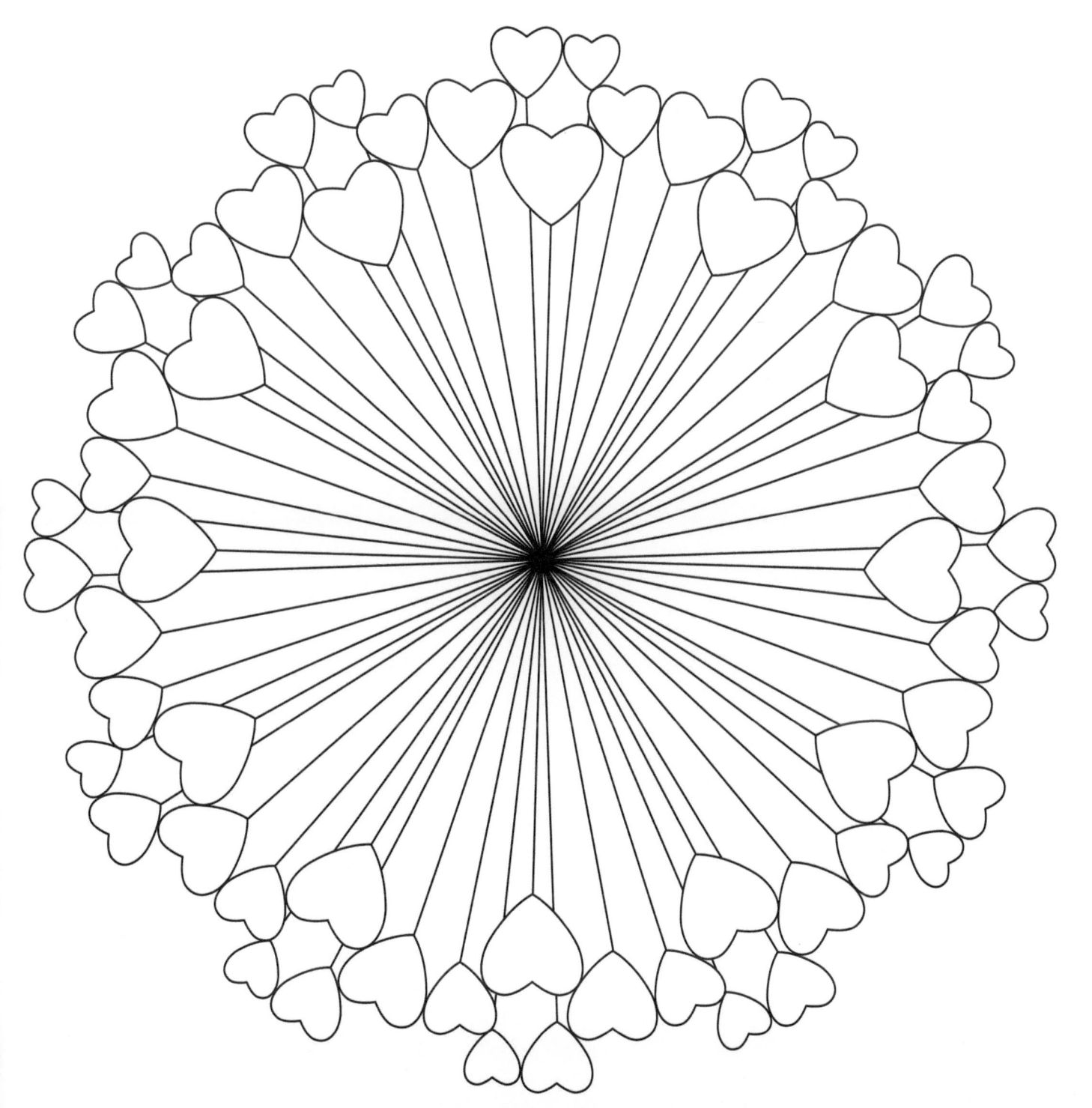